PROCLAMATION
DU ROI,
SUR UN DÉCRET DE L'ASSEMBLÉE NATIONALE,

Pour la Constitution des Municipalités.

A PARIS,
DE L'IMPRIMERIE NATIONALE.

1789.

LA LOI ET LE ROI

PROCLAMATION DU ROI,

SUR UN DÉCRET DE L'ASSEMBLÉE NATIONALE,

Pour la Constitution des Municipalités.

Du 28 Décembre 1789.

Vu par le Roi le Décret dont la teneur suit :

Extrait du Procès-Verbal de L'ASSEMBLÉE NATIONALE, *sur la Constitution des Municipalités, du 14 Décembre 1789.*

ARTICLE PREMIER.

Les Municipalités actuellement subsistantes en chaque Ville, Bourg, Paroisse ou Communauté, sous le titre d'Hôtel-de-Ville, Mairies, Echevinats, Consulats, & généralement sous quelque titre & qualification que ce soit, sont supprimées & abolies ; & cependant les Officiers Municipaux actuellement en exercice, continueront leurs fonctions jusqu'à ce qu'ils ayent été remplacés.

ART. II.

Les Officiers & Membres des Municipalités actuelles seront remplacés par voie d'élection.

ART. III.

Les droits de présentation, nomination ou confirmation, & les droits de présidence ou de présence aux Assemblées Municipales, prétendus ou exercés comme attachés à la possession de certaines terres, aux fonctions de Commandant de Province ou de Ville, aux Evêchés ou Archevêchés, & généralement à tel autre titre que ce puisse être, sont abolis.

ART. IV.

Le Chef de tout Corps Municipal portera le nom de Maire.

ART. V.

Tous les Citoyens actifs de chaque Ville, Bourg, Paroisse ou Communauté, pourront concourir à l'élection des Membres du Corps Municipal.

ART. VI.

Les Citoyens actifs se réuniront en une seule Assemblée dans les Communautés où il y a moins de 4,000 habitans; en deux Assemblées dans les Communautés de 4,000 à 8,000 habitans; en trois Assemblées dans les Communautés de 8,000 à 12,000 habitans; & ainsi de suite.

ART. VII.

Les Assemblées ne pourront se former par métiers, professions ou corporations, mais par quartiers ou arrondissemens.

ART. VIII.

Les Assemblées des Citoyens actifs seront convoquées par le Corps Municipal huit jours avant celui où elles devront avoir lieu. La Séance sera ouverte en présence

d'un Citoyen chargé par le Corps Municipal d'expliquer l'objet de la convocation.

ART. IX.

Toutes les Aſſemblées particulières dans la même Ville ou Communauté, ſeront indiquées pour le même jour, & à la même heure.

ART. X.

Chaque Aſſemblée procédera, dès qu'elle ſera formée, à la nomination d'un Préſident & d'un Secrétaire : il ne faudra pour cette nomination que la ſimple pluralité relative des ſuffrages en un ſeul ſcrutin, recueilli & dépouillé par les trois plus anciens d'âge.

ART. XI.

Chaque Aſſemblée nommera enſuite, à la pluralité relative des ſuffrages, trois Scrutateurs, qui ſeront chargés d'ouvrir les ſcrutins ſubſéquens, de les dépouiller, de compter les voix, de proclamer les réſultats. Ces trois Scrutateurs ſeront nommés par un ſeul ſcrutin recueilli & dépouillé, comme le précédent, par les trois plus anciens d'âge.

ART. XII.

Les conditions de l'éligibilité pour les Adminiſtrations Municipales, ſeront les mêmes que pour les Adminiſtrations de Département & de Diſtrict ; néanmoins les parens & alliés aux degrés de père & de fils, de beau-père & de gendre, de frère & de beau-frère, d'oncle & de neveu, ne pourront être en même-temps Membres du même Corps Municipal.

ART. XIII.

Les Officiers Municipaux, & les Notables dont il

ſera parlé ci-après, ne pourront être nommés que parmi les Citoyens éligibles de la Commune.

Art. XIV.

Les Citoyens qui occupent des places de Judicature, ne peuvent être en même-temps Membres des Corps Municipaux.

Art. XV.

Ceux qui ſont chargés de la perception des impôts indirects, tant que ces impôts ſubſiſteront, ne peuvent être admis en même-temps aux fonctions municipales.

Art. XVI.

Les Maires ſeront toujours élus à la pluralité abſolue des voix. Si le premier ſcrutin ne donne pas cette pluralité, il ſera procédé à un ſecond; ſi celui-ci ne la donne point encore, il ſera procédé à un troiſième, dans lequel le choix ne pourra plus ſe faire qu'entre les deux Citoyens qui auront réuni le plus de voix aux ſcrutins précédens; enfin, s'il y avoit égalité de ſuffrages entr'eux à ce troiſième ſcrutin, le plus âgé ſeroit préféré.

Art. XVII.

La nomination des autres Membres du Corps Municipal ſera faite au ſcrutin de liſte double.

Art. XVIII.

Dans les Villes ou Communautés où il y aura pluſieurs Aſſemblées particulières de Citoyens actifs, ces Aſſemblées ne ſeront regardées que comme des ſections de l'Aſſemblée générale de la Ville ou Communauté.

Art. XIX.

En conſéquence, chaque ſection de l'Aſſemblée générale des Citoyens actifs fera parvenir à la Maiſon Commune ou Maiſon-de-Ville, le recenſement de ſon ſcrutin particulier, contenant la mention du nombre des ſuffrages que chaque Citoyen nommé aura réunis en ſa faveur ; & le réſultat général de tous ces recenſemens ſera formé dans la Maiſon Commune.

Art. XX.

Chaque ſection particulière de l'Aſſemblée générale des Citoyens actifs, pourra envoyer à la Maiſon Commune un Commiſſaire pour aſſiſter au recenſement du ſcrutin.

Art. XXI.

Ceux qui dès le premier ſcrutin réuniront la pluralité abſolue, c'eſt-à-dire, la moitié des ſuffrages, & un en ſus, ſeront définitivement élus.

Si, au premier tour de ſcrutin, il n'y a pas un nombre ſuffiſant de Citoyens élus à la pluralité abſolue des voix, on procédera à un ſecond ſcrutin, & ceux qui obtiendront cette ſeconde fois la pluralité abſolue, ſeront de même élus définitivement.

Enfin, ſi le nombre néceſſaire n'eſt pas rempli par les deux premiers ſcrutins, il en ſera fait un troiſième & dernier ; & à celui-ci il ſuffira, pour être élu, d'obtenir la pluralité relative des ſuffrages.

Art. XXII.

Les Citoyens qui, par l'événement du ſcrutin, auront été nommés Membres du Corps Municipal, ſeront proclamés par les Officiers Municipaux en exercice.

Art. XXIII.

Dans les Villes où l'Aſſemblée générale des Citoyens actifs ſera diviſée en pluſieurs Sections, les ſcrutins de ces diverſes Sections ſeront recenſés à la Maiſon Commune le plus promptement qu'il ſera poſſible ; enſorte que les ſcrutins ultérieurs, s'ils ſe trouvent néceſſaires, puiſſent ſe faire dès le jour même, &, au plus tard, le lendemain.

Art. XXIV.

Après les élections, les Citoyens actifs de la Communauté ne pourront ni reſter aſſemblés, ni s'aſſembler de nouveau en corps de commune, ſans une convocation expreſſe, ordonnée par le Conſeil général de la Commune, dont il va être parlé ci-après ; ce Conſeil ne pourra la refuſer, ſi elle eſt requiſe par le ſixième des Citoyens actifs, dans les Communautés au-deſſous de 4,000 ames, & par 150 Citoyens actifs dans toutes les autres Communautés.

Art. XXV.

Les Membres des Corps Municipaux des Villes, Bourgs, Paroiſſes ou Communautés, ſeront au nombre de trois, y compris le Maire, lorſque la population ſera au deſſous de 500 ames ;

De ſix, y compris le Maire, depuis 500 ames juſqu'à 3,000 ;

De neuf, depuis 3,000 juſqu'à 10,000 ;

De douze, depuis 10,000 juſqu'à 25,000 ;

De quinze, depuis 25,000 juſqu'à 50,000 ;

De dix-huit, depuis 50,000 juſqu'à 100,000 ;

De vingt-un, au-deſſus de 100,000 ames.

Quant à la ville de Paris, attendu ſon immenſe population, elle ſera gouvernée par un Règlement particulier, qui ſera donné par l'Aſſemblée Nationale, ſur les mêmes baſes & d'après les mêmes principes que le Règlement général de toutes les Municipalités du Royaume.

Art. XXVI.

Il y aura, dans chaque Municipalité, un Procureur de la Commune, ſans voix délibérative. Il ſera chargé de défendre les intérêts, & de pourſuivre les affaires de la Communauté.

Art. XXVII.

Dans les Villes au-deſſus de 10,000 ames, il y aura en outre un Subſtitut du Procureur de la Commune, lequel, à défaut de celui-ci, exercera ſes fonctions.

Art. XXVIII.

Le Procureur de la Commune ſera nommé par les Citoyens actifs, au ſcrutin & à la pluralité abſolue des ſuffrages, dans la forme & ſelon les règles preſcrites par l'Article XVI ci-deſſus pour l'élection du Maire.

Art. XXIX.

Le Subſtitut du Procureur de la Commune, lorſqu'il y aura lieu d'en nommer un, ſera élu de la même manière.

Art. XXX.

Les Citoyens actifs de chaque Communauté nommeront, par un ſeul ſcrutin de liſte & à la pluralité relative des ſuffrages, un nombre de Notables double de celui des Membres du Corps Municipal.

Art. XXXI.

Ces Notables formeront, avec les Membres du Corps

Municipal, le Conseil général de la Commune, & ne seront appelés que pour les affaires importantes, ainsi qu'il sera dit ci-après.

Art. XXXII.

Il y aura, en chaque Municipalité, un Secrétaire-Greffier, nommé par le Conseil général de la Commune. Il prêtera serment de remplir fidèlement ses fonctions, & pourra être changé, lorsque le Conseil général, convoqué à cet effet, l'aura jugé convenable, à la majorité des voix.

Art. XXXIII.

Le Conseil général de la Commune pourra aussi, suivant les circonstances, nommer un Trésorier, en prenant les précautions nécessaires pour la sûreté des fonds de la Communauté. Ce Trésorier pourra être changé comme le Secrétaire-Greffier.

Art. XXXIV.

Chaque Corps Municipal, composé de plus de trois Membres, sera divisé en Conseil & en Bureau.

Art. XXXV.

Le Bureau sera composé du tiers des Officiers Municipaux, y compris le Maire, qui en fera toujours partie : les deux autres tiers formeront le Conseil.

Art. XXXVI.

Les Membres du Bureau seront choisis par le Corps Municipal, tous les ans, & pourront être réélus pour une seconde année.

Art. XXXVII.

Le Bureau sera chargé de tous les soins de l'exécution, & borné à la simple régie. Dans les Municipalités réduites à trois Membres, l'exécution sera confiée au Maire seul.

ART. XXXVIII.

Le Conseil Municipal s'assemblera au moins une fois par mois; il commencera par arrêter les comptes du Bureau, lorsqu'il y aura lieu; & après cette opération faite, les Membres du Bureau auront séance & voix délibérative avec ceux du Conseil.

ART. XXXIX.

Toutes les délibérations nécessaires à l'exercice des fonctions du Corps Municipal, seront prises dans l'Assemblée des Membres du Conseil & du Bureau réunis, à l'exception des Délibérations relatives à l'arrêté des comptes, qui, comme il vient d'être dit, seront prises par le Conseil seul.

ART. XL.

La présence de deux tiers au moins des Membres du Conseil, sera nécessaire pour recevoir les comptes du Bureau; & celle de la moitié, plus un des Membres du Corps Municipal, pour prendre les autres délibérations.

ART. XLI.

Dans les Villes au-dessus de 25,000 ames, l'Administration Municipale pourra se diviser en sections, à raison de la diversité des matières.

ART. XLII.

Les Officiers Municipaux & les Notables seront élus pour deux ans, & renouvelés par moitié chaque année: le sort déterminera ceux qui devront sortir à l'époque de l'élection qui suivera la première. Quand le nombre sera impair, il sortira alternativement un Membre de plus ou un Membre de moins.

Art. XLIII.

Le Maire restera en exercice pendant deux ans; il pourra être réélu pour deux autres années, mais ensuite il ne sera permis de l'élire de nouveau qu'après un intervalle de deux ans.

Art. XLIV.

Le Procureur de la Commune & son Substitut conseveront leurs places pendant deux ans, & pourront également être réélus pour deux autres années; néanmoins, à la suite de la première élection, le Substitut du Procureur de la Commune n'exercera ses fonctions qu'une année; & dans toutes les élections suivantes, le Procureur de la Commune & son Substitut seront remplacés ou réélus alternativement chaque année.

Art. XLV.

Les Assemblées d'élection pour les renouvellemens annuels se tiendront dans tout le Royaume, le Dimanche d'après la Saint-Martin, sur la convocation des Officiers Municipaux.

Art. XLVI.

Si la place de Maire ou de Procureur de la Commune, ou de son Substitut, devient vacante par mort, démission, ou autrement, il sera convoqué une Assemblée extraordinaire des Citoyens actifs pour procéder à une nouvelle élection.

Art. XLVII.

Lorsqu'nn Membre du Conseil Municipal viendra à mourir, ou donnnera sa démission, ou sera destitué ou ſuſpendu de ſa place, on paſſera dans le Bureau Municipal, il ſera remplacé de droit, pour le temps qui lui reſtoit à remplir, par celui des Notables qui aura réuni le plus de ſuffrages.

Art. XLVIII.

Avant d'entrer en en exercice, le Maire & les autres Membres du Corps Municipal, le Procureur de la Commune & ſon Subſtitut, s'il y en a un, prêteront le ſerment de maintenir, de tout leur pouvoir, la Conſtitution du *Royaume*, d'être *fiddèles* à la *Nation*, à la *Loi* & au R*oi*, & de *bien remplir leurs fonctions*. Ce ſerment ſera prêté, à la prochaine élection, devant la Commune, & devant le Corps Municipal aux élections ſuivantes.

Art. XLIX.

Les Corps Municipaux auront deux eſpèces de fonctions à remplir; les unes propres au Pouvoir Municipal, les autres propres à l'Adminiſtration générale de l'Etat, & déléguées par elle aux Municipalités.

Art. L.

Les fonctions propres au Pouvoir Muntcipal, ſous la ſurveillance & l'inſpection des Aſſemblées adminiſtratives, ſont :

De régir les biens & revenus communs des Villes, Bourgs, Paroiſſes & Communautés ;

De régler & d'acquitter celles des dépenſes locales qui doivent être payées des deniers communs ;

De diriger & faire exécuter les travaux publics qui ſont à la charge de la Communauté ;

D'adminiſtrer les établiſſemens qui appartiennent à la Commune, qui ſont entretenus de ſes deniers, ou qui ſont particulièrement deſtinés à l'uſage des Citoyens dont elle eſt compoſée ;

De faire jouir les Habitans des avantages d'une bonne police, notamment de la propreté, de la salubrité, & de la tranquillité dans les rues, Lieux & Edifices publics.

ART. LI.

Les fonctions propres à l'Administration générale qui peuvent être déléguées aux Corps Municipaux pour les exercer sous l'autorité des Assemblées administratives, sont :

La répartition des Contributions directes entre les Citoyens dont la Communauté est composée ;

La perception de ces contributions ;

Le versement de ces contributions dans les caisses du District ou du Département ;

La direction immédiate des travaux publics dans le ressort de la Municipalité ;

La régie immédiate des établissemens publics destinés à l'utilité générale ;

La surveillance & l'agence nécessaires à la conservation des propriétés publiques ;

L'inspection directe des travaux de réparation ou de reconstruction des Eglises, Presbytères, & autres objets relatifs au service du Culte religieux.

ART. LII.

Pour l'exercice des fonctions propres ou déléguées aux Corps Municipaux, ils auront le droit de requérir le secours nécessaire des Gardes Nationales, & autres forces publiques, ainsi qu'il sera plus amplement expliqué.

ART. LIII.

Le Maire & les autres Membres du Corps Municipal, le Procureur de la Commune & son Substitut ne pourront exercer en même temps ces fonctions, & celle de la Garde Nationale.

ART. LIV.

Le Conſeil général de la Commune, compoſé tant des Membres du Corps Municipal que des Notables, ſera convoqué toutes les fois que l'Adminiſtration Municipale le jugera convenable ; elle ne pourra ſe diſpenſer de le convoquer, lorſqu'il s'agira de délibérer,

Sur des acquiſitions ou aliénations d'immeubles,

Sur des impoſitions extraordinaires pour dépenſes locales,

Sur des emprunts.

Sur des travaux à entreprendre,

Sur l'emploi du prix des ventes, des rembourſemens ou des recouvremens,

Sur les procès à intenter,

Même ſur les procès à ſoutenir, dans le cas où le fond du droit ſera conteſté.

ART. LV.

Les Corps Municipaux ſeront entièrement ſubordonnés aux Adminiſtrations de Département & de Diſtrict, pour tout ce qui concernera les fonctions qu'ils auront à exercer par délégation de l'Adminiſtration générale.

ART. LVI.

Quant à l'exercice des fonctions propres au Pouvoir Municipal, toutes les Délibérations pour leſquelles la convocation du Conſeil général de la Commune eſt néceſſaire, ſuivant l'article LIV ci-deſſus, ne pourront être exécutées qu'avec l'approbarion de l'Adminiſtration ou du Directoire de Département, qui ſera donnée, s'il y a lieu, ſur l'avis de l'Adminiſtration ou du Directoire de Diſtrict.

ART. LVII.

Tous les comptes de la régie des Bureaux Municipaux,

après qu'ils auroient été reçus par le Conſeil Municipal, ſeront vérifiés par l'Adminiſtration ou le Directoire du Diſtrict, arrêtés définitivement par l'Adminiſtration ou le Directoire de Département, ſur l'avis de celle du Diſtrict ou de ſon Directoire.

ART. LVIII.

Dans toutes les Villes au-deſſus de 4,000 ames, les comptes de l'Adminiſtraiion Municipale en recette & dépenſe, ſeront imprimés chaque année.

ART. LIX.

Dans toutes les Communautés, ſans diſtinction, les Citoyens actifs pourront prendre au Greffe de la Municipalité, ſans déplacer & ſans frais, communication des comptes, des pièces juſtificatives & des délibérations du Corps Municipal, toutes les fois qu'ils le requerront.

ART. LX.

Si un Citoyen croit être perſonnellement léſé par quelqu'acte du Corps Municipal, il pourra expoſer ſes ſujets de plainte à l'Adminiſtration ou au Directoire de Département, qui y fera droit, ſur l'avis de l'Adminiſtration de Diſtrict, qui ſera chargée de vérifier les faits.

ART. LXI.

Tout Citoyen actif pourra ſigner & preſenter, contre les Officiers Municipaux, la dénonciation des délits d'adminiſtration, dont il prétendra qu'ils ſe ſeroient rendus coupables; mais, avant de porter cette dénonciation dans les Tribunaux, il ſera tenu de la ſoumettre à l'Adminiſtration ou au Directoire de Département, qui, après avoir pris l'avis de l'Adminiſtration de Diſtrict ou de ſon Directoire, renverra la dénonciation, s'il y a lieu, à ceux qui en devront connoître.

Art. LXII.

Les Citoyens actifs ont le droit de se réunir paisiblement & sans armes, en Assemblées particulières, pour rédiger des Adresses & Pétitions, soit au Corps Municipal, soit aux Administrations de Département & de District, soit au Corps législatif, soit au Roi, sous la condition de donner avis aux Officiers Municipaux du temps & du lieu de ces Assemblées, & de ne pouvoir députer que dix Citoyens pour apporter & présenter des Adresses ou Pétitions.

Le Roi, acceptant ledit Décret, a ordonné & ordonne qu'il sera envoyé, à la diligence des Commissions intermédiaires, départies dans les Provinces, à toutes les Municipalités, Paroisses & Communautés du Royaume. Fait à Paris, le 18 Décembre 1789.

Signé LOUIS. *Et plus bas*, DE SAINT-PRIEST.

Instruction de l'ASSEMBLÉE NATIONALE, sur la formation des nouvelles Municipalités dans toute l'étendue du Royaume.

Du 14 Décembre 1789.

L'ASSEMBLÉE NATIONALE a décrété, le 12 Novembre dernier, qu'il y aura une Municipalité dans chaque Ville, Bourg, Paroisse ou Communauté de campagne. Elle a arrêté ensuite les Articles qu'elle a réunis dans son Décret de ce jour, pour régler la formation & les fonctions de ces Municipalités.

Il y a trois parties à distinguer dans ce Décret de l'Assemblée Nationale sur l'organisation des Municipalités.

La première concerne la forme d'élire les Officiers Municipaux.

La seconde concerne la composition des Corps Municipaux.

La troisième est relative à leurs fonctions.

§. Ier.

De la formation des Elections.

Tous les Citoyens actifs de chaque lieu ont le droit d'élire.

Les Décrets de l'Assemblée Nationale ont fixé les conditions nécessaires pour être Citoyen actif. Celles de ces conditions qui peuvent être exigées pour les prochaines élections, sont les suivantes :

1°. D'être François ou devenu François.

2°. D'être majeur de vingt-cinq ans.

3°. D'être domicilié de fait dans le lieu, au moins depuis un an.

4°. De payer une contribution directe de la valeur locale de trois journées de travail.

5°. De n'être point dans l'état de domesticité, c'est-à-dire, de serviteur à gages.

Les mêmes Décrets excluent, outre ceux qui n'ont pas les conditions ci dessus, les banqueroutiers, les faillis & les débiteurs insolvables.

Ils excluent encore les enfans qui ont reçu & qui retiennent, à quelque titre que ce soit, une portion des biens de leur père mort insolvable, sans avoir payé leur part virile de ses dettes, excepté seulement les enfans mariés qui ont reçu des dots avant la faillite ou l'insolvabilité de leur père, notoirement connue.

La part virile des dettes est la portion contributive que chaque enfant auroit été tenu de payer, s'il se fût rendu héritier de son père.

Dans tous les lieux où il y a moins de 4,000 habitans, en comptant la population totale en hommes, femmes & enfans, tous les Citoyens actifs se réuniront en une seule Assemblée, parce que les Citoyens actifs ne forment qu'environ le sixième de la population totale, & qu'ainſi, ſur moins de 4,000 habitans, l'Aſſemblée des Citoyens actifs ne s'éleveroit qu'à environ 650 votans, ſuppoſé que tous fuſſent préſens.

Dans les lieux où il y a plus de 4,000 habitans, il faudra former pluſieurs Aſſemblées, ſavoir, deux Aſſemblées depuis 4,000 habitans jusqu'à 8,000; trois depuis 8,000 juſqu'à 12,000 habitans; & ainſi de ſuite.

Les inconvéniens des Aſſemblées par métiers, profeſſions ou corporations, ont déterminé l'Aſſemblée Nationale à proſcrire ces ſortes d'Aſſemblées: celles qui vont avoir lieu doivent ſe faire par quartiers ou arrondiſſemens. Le premier ſoin des Officiers Municipaux actuels doit être de former, ſans délai, ces quartiers ou arrondiſſemens, en nombre égal à celui des Aſſemblées que la population de leur Ville obligera d'y former.

Les Citoyens actifs de chaque quartier ou arrondiſſement ſe réuniront au jour & au lieu indiqués par la Convocation. La Convocation ſera faite huit jours d'avance, tant par publication au Prône, que par affiche aux portes des Egliſes, & aux autres lieux accoutumés.

Les Aſſemblées ſe formeront ſous l'inſpection d'un Citoyen que le Corps Municipal aura chargé de ce ſoin pour chaque Aſſemblée.

Auſſi-tôt que l'Aſſemblée ſera formée, elle nommera ſon Préſident & ſon Secrétaire au ſcrutin. Il ne ſera pas néceſſaire, pour conſommer cette élection, que la majorité abſolue des ſuffrages ſoit acquiſe, c'eſt-à-dire, qu'un ſujet réuniſſe la moitié des voix, plus une: il ſuffira de la ſimple pluralité relative, c'eſt-à-dire, que celui-là ſera élu, qui aura réuni le plus de ſuffrages comparativement aux autres.

Les trois plus anciens d'âge recevront, ouvriront & dépouilleront ces premiers ſcrutins.

Après la nomination du Préſident & du Secrétaire, l'Aſſemblée nommera à-la-fois, & par un ſeul ſcrutin, trois Scrutateurs chargés d'ouvrir tous les ſcrutins ſubſéquens, de les dépouiller, de compter les voix, & de proclamer les réſultats.

Les trois plus anciens d'âge recevront encore, ouvriront & dépouilleront le ſcrutin pour la nomination des trois Scrutateurs.

Ce ſcrutin, par lequel chaque votant écrira à-la fois, & dans le même billet, les noms des trois perſonnes qu'il nommera pour être Scrutateurs, eſt celui qu'on appelle *ſcrutin de liſte*, par oppoſition au ſcrutin appelé *individuel*, par lequel on vote ſur chaque ſujet ſéparément, en recommençant autant de ſcrutins qu'il y a de ſujets à élire.

Quand les trois Scrutateurs auront été nommés, l'Aſſemblé procédera à la nomination des Membres qui devront compoſer le Corps Municipal.

Cette nomination ſera faite par la voie du *ſcrutin de liſte double*; c'eſt-à dire que les votans écriront à la-fois, & dans un même billet, non ſeulement autant de noms qu'il y a de Membres à nommer ſuivant la population du lieu; mais qu'ils voteront pour un nombre de ſujets double de celui des Membres à élire, & écriront tous ces noms enſemble dans leur billet.

Les Scrutateurs de l'Aſſemblée feront le dépouillement du ſcrutin, en inſcrivant de ſuite, par forme de liſte, tous les noms ſur leſquels les ſuffrages auront porté, à meſure qu'ils ſe préſenteront par l'ouverture des billets, & en notant, à la ſuite de chaque nom, le nombre des voix que ce nom recevra par chaque nouveau billet dans lequel il ſe trouvera inſcrit.

Quand il n'y aura qu'une ſeule Aſſemblée dans le lieu, le réſultat du ſcrutin de cette Aſſemblée conſommera l'élection ; mais dans les Communautés plus nombreuses, où il y aura plusieurs Assemblées, l'élection ne sera faite que par le résultat général & additionné de tous les suffrages portés sur chaque nom par tous les scrutins des différentes Assemblées. La raison en est que toutes les Assemblées particulières de chaque Ville ou Communauté ne sont que des sections de l'Assemblée générale des Citoyens de cette Ville ou Communauté.

Pour connoître ce résultat général de tous les scrutins, chaque assemblée particulière formera dans son sein le dépouillement & le recensement de son scrutin, contenant la mention du nombre de suffrages que chaque Citoyen aura obtenu en cette Assemblée, & elle fera parvenir ce recensement à le Maison commune ou Maison-de-Ville. Là, le recensement général de tous les scrutins des Assemblées particulières sera fait par les Officiers Municipaux en exercice, en présence d'un Commissaire de chaque Assemblée particulière, si elle juge à propos d'y en envoyer un, comme elle en a le droit ; & c'est le résultat général de ce recensement de tous les scrutins particuliers, qui déterminera l'élection.

Il y a une différence à remarquer entre la forme d'élire le Maire, & celle de nommer les autres Officiers Municipaux.

Le Maire, chef de toute Municipalité, soit de Ville, soit de Campagne, est nommé au scrutin individuel, & ne peut jamais être élu que par la pluralité absolue des voix, c'est-à-dire, par la moitié, plus une : si, lorsqu'on aura été obligé de passer au second tour de scrutin, ce second tour n'a pas encore produit la pluralité absolue en faveur d'un Sujet, en ce cas il faut faire un troisième tour de scrutin, pour voter seulement entre les deux Citoyens qui seront nommés & déclarés à l'Assemblée avoir réuni plus de suffrages par le dernier scrutin ; & si, à ce troisième scrutin, les suffrages se trouvoient partagés entre les deux Citoyens sur lesquels on a voté, alors le plus ancien d'âge feroit préféré.

Il n'en eſt pas de même pour la nomination des autres Officiers Municipaux, qui ſont élus par ſcrutin de liſte double.

Ceux qui ont obtenu la pluralité abſolue au premier tour de ſcrutin, ſont définitivement élus.

S'il reſte des places à remplir, pour leſquelles aucun Sujet n'a eu la pluralité abſolue, on fait un ſecond tour de ſcrutin par liſte double, du nombre ſeulement des places qui reſtent à remplir; & l'élection n'a encore lieu cette ſeconde fois, qu'en faveur de ceux qui obtiennent la pluralité abſolue.

Enfin, s'il eſt néceſſaire de paſſer à un troiſième ſcrutin, pour compléter le nombre des Membres à élire, ce dernier ſcrutin ſe fait de même par une liſte double du nombre des places qui reſtent à remplir; mais la ſimple pluralité relative des ſuffrages ſuffit, cette troiſième fois, pour déterminer l'election.

Auſſi tôt que le réſultat du ſcrutin aura été conſtaté, les Citoyens élus ſeront proclamés par les Officiers Municipaux en exercice; le rang de proclamation ſera réglé entre tous les Membres élus, à raiſon du plus ou du moins grand nombre de ſuffrages que chacun d'eux aura obtenu, & en cas d'égalité de ſuffrages, par l'ancienneté d'âge.

Les Citoyens votans en chaque Aſſemblée, auront ſoin de ne porter leurs ſuffrages que ſur des ſujets éligibles.

Pour être éligible à l'Adminiſtration Municipale, il faut: 1°. être Membre de la Commune à qui la Municipalité appartient; 2o. réunir aux qualités de Citoyen actif, détaillées ci-deſſus, la condition de payer une contribution directe plus forte, & qui monte au moins à la valeur locale de dix journées de travail. Les parens & alliés aux degrés de père & de fils, de beau-père & de gendre, de frère & de beau-frère, d'oncle & de neveu, ne peuvent être en même temps Membres du même Corps Municipal.

Les Citoyens qui occupent des places de Judicature, & ceux qui sont chargés de la perception des impôts indirects, ne sont point éligibles tant qu'ils exercent ces fonctions réputées incompatibles avec celles de la Municipalité.

Ceux des Officiers Municipaux actuels que leurs Concitoyens jugeront dignes de la continuation de leur confiance, pourront être nommés à la prochaine élection.

Il sera bien essentiel d'observer exactement les deux dispositions suivantes, indispensables pour garantir la sûreté & la fidélité des élections.

La première est que, dans toutes les Communautés où il y aura plusieurs Assemblées particulières, elles soient toutes convoques pour le même jour & à la même heure. La seconde est que les scrutins de ces Assemblées particultères, soient recensés à la Maison Commune, sans aucun délai; de manière que, s'il devient nécessaire de passer à un nouveau tour du scrutin, il puisse y être procédé par les Assemblées particulières, dès le jour même, ou au plus tard le lendemain.

L'unique objet des Assemblées convoquées pout élire, étant de faire des élections, les Citoyens actifs ne peuvent point rester assemblés après les élections finies. Le Président de chaque Assemblée particulière doit la dissoudre, & déclarer la Séance levée, aussi-tôt que toutes les nominations auront été faites & prcolamées.

Les Citoyens actifs ne pourront point s'assembler de nouveau en Corps de Commune, dans l'intervalle d'une élection à l'autre, sans une convocation expresse, ordonnée par le Conseil général de la Commune; mais cette convocation extraordinaire ne pourra pas être refusée lorsqu'elle sera requise par le sixième des Citoyens actifs dans les Communautés au-dessous de 4,000 ames, &

par 150 Citoyens actifs dans toutes les autres Communautés.

Ces dispositions concilient par un juste tempérament, ce que la Constitution doit, d'une part, à la liberté des individus & au légitime exercice de leurs droits, avec ce qu'elle doit, d'autre part, au maintien de l'ordre & de la tranquillité publique.

§. II.

De la Composition des Corps Municipaux.

Toutes les Municipalités du Royaume, soit de Ville, soit de Campagne, étant de même nature, & sur la même ligne dans l'ordre de la Constitution, porteront le titre commun de *Municipalité*, & le chef de chacune d'elle, celui de *Maire*; toute autre dénomination, soit pour les Corps Municipaux, soit pour leurs chefs, est abolie.

Le nombre des Membres dont chaque Municipalité doit être composée, a été réglé par le Décret de l'Assemblée Nationale, à raison de la population des lieux. Il sera toujours facile de s'y conformer exactement, après que le nombre des Habitans de chaque Ville, Bourg, Paroisse ou Communauté, aura été soigneusement constaté.

C'est la population totale en hommes, femmes & enfans, & non pas les seuls Citoyens actifs, qu'il faut compter pour reconnoître le nombre des Officiers Municipaux qui doivent composer la Municipalité de chaque lieu.

Il y aura un Procureur de la Commune en chaque Municipalité, soit de Ville, soit de Campagne, &, de plus, un Substitut du Procureur de la Commune, dans tous les les lieux où la population excédera 10,000 ames.

Le Procureur de la Commune ſera nommé en même temps que les autres Officiers Municipaux, & par les mêmes Aſſemblées de Citoyens actifs. Son élection ſera faite, par la voie du ſcrutin individuel, dans la même forme & ſuivant les mêmes règles établies pour l'élection du Maire.

Le Subſtitut du Procureur de la Commune ſera élu de même.

Il ſera encore néceſſaire de nommer, en chaque Municipalité, un nombre de Notables double de celui des Membres du Corps Municipal; de manière qu'où il y aura trois Officiers Municipaux, c'eſt-à-dire, trois Membres du Corps Municipal, il faudra ſix Notables; qu'il en faudra douze où il y aura ſix Officiers Municipaux; & ainſi de ſuite.

L'élection des Notables ſera faite par un ſeul ſcrutin de liſte, & à la ſimple pluralité relative des ſuffrages.

Ces Notables, lorſqu'ils ſeront réunis aux Membres du Corps Municipal dans les cas fixés par le Décret de l'Aſſemblée Nationale, formeront le Conſeil général de la Commune.

Il y aura, en chaque Municipalité, un Secrétaire-Greffier, qui ſera choiſi & nommé à la majorité des voix, non par les Aſſemblées des Citoyens actifs, mais par le Conſeil général de la Commune.

Le Secrétaire Greffier pourra être changé, lorſque le Conſeil général de la Commune le jugera convenable.

Enfin, il pourra être nommé un Tréſorier, ſi le Conſeil général de la Commune le trouve néceſſaire.

Cette nomination ſera faite par le Conſeil général dans la même forme que celle du Secrétaire-Greffier. Le Tréſorier pourra être également changé.

Le Maire préſidera les Aſſemblées, tant du Conſeil général de la Commune, que du Corps Municipal & du Bureau.

Les autres Officiers Municipaux auront rang & ſéance ſelon l'ordre dans lequel ils auront été proclamés lors de leur élection. Dans le cas d'absence du Maire, celui des autres Officiers Municipaux, qui aura été proclamé le premier, le remplacera & présidera à sa place.

Le Procureur de la Commune aura séance à toutes les Assemblées, tant du Conseil général de la Commune, que du Corps Municipal & du Bureau, & sera entendu sur tous les objets mis en délibération, quoiqu'il n'ait pas voix délibérative. Il sera placé à un Bureau particulier.

Dans les Municipalités où il y aura un Substitut du Procureur de la Commune, ce Substitut aura le même droit de séance à toutes les Assemblées Municipales. Il se placera au même bureau particulier, soit que le Procureur de la Commune soit présent, soit qu'il soit absent; mais le Substitut ne pourra parler qu'en l'absence du Procureur de la Commune.

Le Maire, les autres Membres du Corps Municipal, les Notables, le Procureur de la Commune & son Substitut seront élus pour deux ans, mais avec les distinctions suivantes.

Le Maire restera en fonctions pendant les deux premières années; il pourra être continué, mais par une nouvelle élection, pour deux autres années seulement.

Le Procureur de la Commune restera aussi en fonctions pendant les deux premières années; mais le Substitut qui sera nommé à la prochaine élection, n'exercera qu'une seule année; ensuite ils seront remplacés alternativement chaque année, & pourront être réélus de même, chacun pour deux autres années seulement.

Enfin, les autres Membres du Corps Municipal, & les Notables seront renouvelés tous les ans par moitié, la première fois au sort, à la fin de la première année; ensuite à tour d'ancienneté: ainsi une partie des Officiers Municipaux & des Notables nommés à la prochaine élection, n'aura qu'une année d'exercice; cette année d'exercice ne ſera pas même complète pour ceux qui ſortiront au premier renouvellement, puiſqu'il aura lieu le premier Dimanche d'après la Saint-Martin de l'année 1790.

Comme il eſt néceſſaire, lorſque le nombre ſera impair, qu'il ſorte alternativement un Membre de plus, & un de moins chaque année, il faudra faire ſortir un Membre de moins à la fin de la première année.

Il faut remarquer encore les différences ſuivantes dans les remplacemens.

Auſſi-tôt que les places de Maire, de Procureur de la Commune & de Subſtitut à ce dernier, viendront à vaquer dans le cours de l'année, par quelque cauſe que ce ſoit, il ſera néceſſaire de convoquer extraordinairement les Citoyens actifs pour procéder à une nouvelle élection.

Si c'eſt une place de Membre du Conſeil Municipal qui devient vacante, il ſera inutile de convoquer les Citoyens actifs; mais celui des Notables qui aura réuni le plus de ſuffrages, remplacera le Membre manquant du Conſeil Municipal.

Enfin, s'il vaque une place de Notable, elle ne ſera remplie qu'à l'époque de l'élection annuelle pour les renouvellemens ordinaires.

§. III.

Des fonctions des Corps Municipaux.

Le Maire, les autres Membres du Corps Municipal, le Procureur de la Commune, & ſon Subſtitut dans les lieux où il y en aura un, ne pourront entrer en exercice de leurs places qu'après avoir prêté le ſerment de maintenir de tout leur pouvoir la Conſtitution du Royaume, d'être fidèles à la *Nation*, à la *Loi* & au *Roi*, & de bien remplir leurs fonctions.

C'eſt devant la Commune elle-même que ce ſerment doit être prêté la première fois, c'eſt-à-dire, par les Officiers Municipaux qui vont être nommés à la prochaine élection. Les Citoyens actifs ſeront avertis, à cet effet, par les Préſidens des Aſſemblées d'élection, de ſe rendre à la Maiſon Commune après l'élection finie.

A l'avenir, le même ſerment ſera prêté devant le Corps Municipal.

Les Membres des Corps Municipaux auront ſoin de ſe bien pénétrer de la diſtinction des deux eſpèces de fonctions appartenantes à des pouvoirs de nature très-différente qu'ils auront à remplir.

C'eſt par leur exactitude à ſe renfermer dans les bornes de ces fonctions, & à reconnoître la ſubordination qui leur eſt preſcrite pour celles de chaque eſpèce, qu'ils prouveront leur attachement à la Conſtitution, & leur zèle pour le bien du ſervice. L'objet eſſentiel de la Conſtitution étant de définir & de ſéparer les différens pouvoirs, l'atteinte la plus funeſte qui puiſſe être portée à l'ordre conſtitutionnel, ſeroit la confuſion des fonctions qui détruiroit l'harmonie des pouvoirs.

Les Officiers Municipaux ſe convaincront aiſément que toutes les fonctions détaillées dans l'article 51, intéreſſant la Nation en corps, & l'uniformité du régime général, excèdent les droits & les intérêts particuliers de leur Commune; qu'ils ne peuvent pas exercer ces fonctions en qualité de ſimples Répréſentans de leur Commune, mais ſeulement en celle de Prépoſés & d'Agens de l'Adminiſtration générale; & qu'ainſi, pour toutes ces fonctions qui leur ſeront déléguées par un pouvoir différent & ſupérieur, il eſt juſte qu'ils ſoient entièrement ſubordonnés à l'autorité des Adminiſtrations de Département & de Diſtrict.

Il n'en eſt pas de même des autres fonctions énoncées en l'article 50. Ces fonctions ſont propres au Pouvoir Municipal, parce qu'elles intéreſſent directement & particulièrement chaque Commune que la Municipalité représente. Les Membres des Municipalités ont le droit propre & personnel de délibérer & d'agir en tout ce qui concerne ces fonctions vraiment municipales. La Constitution les soumet seulement, dans cette partie, à la surveillance & à l'inspection des Corps administratifs, parce qu'il importe à la grande Communauté Nationale que toutes les Communes particulières qui en sont les élémens, soient bien administrées; qu'aucun dépositaire de pouvoirs n'abuse de ce dépôt, & que tous les Particuliers qui se prétendront lésés par l'Administration Municipale, puissent obtenir le redressement des griefs dont ils se plaindront.

La surveillance des Corps administratifs sur les Municipalités, aura lieu principalement dans les quatre cas suivans.

1°. Pour la vérification des comptes de la Régie des Bureaux Municipaux. Ces comptes, lorsqu'ils auront été reçus par le Conseil Municipal, seront soumis à l'Administration ou au Directoire de District, qui les vérifiera, & les fera parvenir ensuite, avec son avis, à l'Administration de Département, ou à son Directoire : celle-ci, ou son Directoire, les arrêtera définitivement.

2°. Pour l'autorisation des délibérations qui seront prises sur les objets d'une importance majeure, détaillés en l'article 54, & pour lesquels la convocation du Conseil général de la Commune est nécessaire. Ces Délibérations ne pourront être exécutées qu'après qu'elles auront reçu l'approbation de l'Administration de Département, ou de son Directoire, qui la donnera, s'il y a lieu, sur l'avis de l'Administration ou du Directoire de District.

3°. Lorsqu'un Citoyen se croira fondé à se plaindre personnellement de quelques actes du Corps Municipal, l'Administration du Département, ou son Directoire, fera droit sur sa plainte, après avoir pris l'avis de l'Administration ou du Directoire de District, qu'elle chargera de vérifier les faits exposés.

4°. Lorsqu'un Citoyen actif, sans articuler des griefs qui lui soient personnels, voudra dénoncer les Officiers Municipaux comme coupables de délits d'administration, en ce cas la dénonciation devra être préalablement soumise à l'Administration ou au Directoire de Département, qui, après avoir fait vérifier les faits par l'Administration de District, & avoir pris l'avis de cette dernière, renverra la poursuite, s'il y a lieu, devant les Juges qui en devront connoître.

Les Corps Municipaux composés de plus de trois Membres, seront divisés en *Conseil* & en *Bureau*. Le Bureau sera formé du tiers des Officiers Municipaux, y compris le Maire, qui en fera toujours partie : les deux autres tiers formeront le Conseil.

Le Bureau, seul, sera chargé de tous les détails d'exécution, & des actes de simple régie.

Le Conseil, seul, formera la Séance, lorsqu'il s'agira d'examiner & de recevoir les comptes de la gestion du Bureau : la présence des deux tiers, au moins, des Membres du Conseil sera nécessaire pour la réception de ces comptes.

Le Conseil & le Bureau se réuniront pour prendre toutes les autres délibérations relatives à l'exercice des fonctions du Corps Municipal ; & la présence de la moitié, plus un, des Officiers Municipaux sera nécessaire pour former un arrêté.

Enfin, le Corps Municipal se formera en Conseil général de la Commune, par l'adjonction des Notables, toutes les fois qu'il le jugera convenable, & nécessairement lorsqu'il s'agira de délibérer sur les objets détaillés en l'article 54.

Les Officiers Municipaux devront être attentifs à discerner entre ces diverses espèces d'Assemblées ou de Séances, celle à laquelle chaque nature d'affaire doit être traitée ; car leurs opérations feroient défectueufes & nulles, s'ils avoient arrêté en fimple Bureau ce qui devoit l'être en Confeil ou Corps Municipal, ou s'ils délibéroient en fimple Confeil Municipal, lorfqu'ils doivent fe former en Confeil général de la Commune.

Dans les Municipalités qui ne font compofées que de trois Membres, le Maire fera chargé feul des détails de fimple exécution, & tous les Membres fe réuniront pour les actes de régie ; le compte de cette régie commune des Officiers Municipaux fera rendu aux Notables, vérifié enfuite par l'Adminiftration ou le Directoire des Diftricts, & arrêté définitivement par l'Affemblée ou le Directoire de Département.

Lorfque les Municipalités feront compofées de plus de trois Membres, c'eft le Corps Municipal qui élira lui-même le tiers de fes Membres deftiné à former le Bureau. Cette élection fera renouvelée tous les ans ; mais les Membres du Bureau pourront être réélus une fois pour une feconde année.

Enfin, dans les Villes dont la population excédera 25,000 ames, le Corps Municipal pourra fe divifer en fections, à raifon de la diverfité des parties d'adminiftration, afin que chaque fection puiffe être chargée plus particulièrement du foin de fa partie ; mais elle fera toujours tenue de foumettre les objets de délibération à l'Affemblée générale du Corps Municipal.

Tous les Citoyens actifs du Royaume font appelés, en ce moment, à pofer dans leurs Municipalités le fondemens de la régénération de l'Empire : en recueillant ce premier fruit de la Conftitution, ils fe prépareront à l'établiffement des Affemblées adminiftratives de Département & de Diftrict, qui fuivra immédiatement. La Nation reconnoîtra que fes Repréfentans fe font attachés à confacrer tous les principes qui peuvent affurer l'exercice le plus étendu du droit de Cité, l'égalité entre les Electeurs, la sûreté & la liberté des choix, la prompte tranfmiffion des places & des fonctions : principes sur lesquels reposent la liberté publique & l'égalité politique des Citoyens. Tous sentiront que la jouissance de ces biens précieux est attachée à l'esprit de concorde, & aux sentimens patriotiques nécessaires pour accélérer l'exécution des Décrets constitutionnels. Ces sentimens exprimés d'une manière si touchante dans toutes les Adresses des Villes & des Communes du Royaume à l'Assemblée Nationale, sont ceux d'un Peuple raisonnable & bon, qui sent le prix de la liberté, & qui, digne d'en jouir, n'a plus d'efforts pénibles à faire pour s'en assurer la possession. Il ne lui reste qu'à consommer avec courage & tranquillité ce que son Roi & ses Représentans, unis par les mêmes vues, & tendant au même but, lui présentent pour première base de la prospérité nationale & du bonheur des Particuliers.

Approuvé par le Roi. Signé, LOUIS.

Et plus bas, DE SAINT-PRIEST.

www.ingramcontent.com/pod-product-compliance
Ingram Content Group UK Ltd.
Pitfield, Milton Keynes, MK11 3LW, UK
UKHW020519180726
13839UKWH00005B/2196